© 2002 Éditions Nord-Sud, pour l'édition en langue française
© 2002 Nord-Süd Verlag AG, Gossau Zurich, Suisse
Tous droits réservés. Imprimé en Allemagne
Loi n° 49-956 du 16 juillet 1949 sur les publications destinées à la jeunesse
Dépôt légal: 3ᵉ trimestre 2002
ISBN 3 314 21491 X

Jean-le-Mignot

Un conte de Theodor Storm
adapté par Wolfram Hänel
illustré par Beate Mizdalski
et traduit par Géraldine Elschner

Éditions Nord-Sud

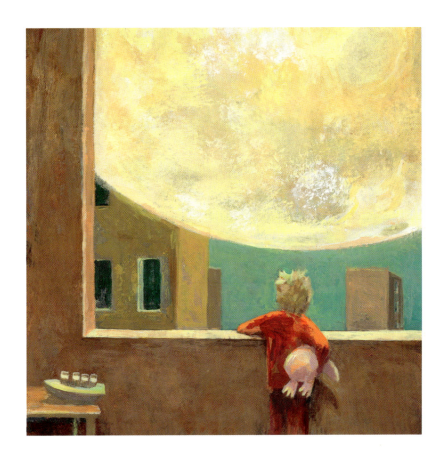

Couché dans son petit lit, Jean-le-Mignot se tournait
et se retournait: il n'arrivait pas à dormir. Ou plutôt,
il ne voulait pas dormir! Il avait bien plus envie d'aller
se promener pour voir si la nuit, tout le monde dort
comme on le dit.
Alors il regarda la lune droit dans les yeux et demanda:
«Éclaire-moi, toi la lune, éclaire-moi!»

Puis il tendit son drap telle une voile et se mit à souffler,
souffler, les joues gonflées comme des ballons.
Et voilà que le lit se mit à rouler, jusqu'à la porte,
dans l'escalier, puis dans la rue!
«Éclaire-moi, éclaire-moi!» cria le petit garçon.
La lune obéit et Jean remonta la grand-route
jusqu'au premier carrefour.
Mais il n'y avait personne, nulle part.

«Dis-moi, il vaudrait mieux...» commença la lune.
«Non, non! l'interrompit le petit Jean. Encore, encore!
Je veux aller plus loin. Éclaire-moi!»
Et la lune se remit à briller, et Jean se remit à rouler.
Il faisait sombre et froid, Jean frissonna, il n'était pas très rassuré.
«Alors, le Mignot, grinça soudain une voix tout enrouée.
Tu vois bien qu'un bout de chou comme toi n'a rien à faire dehors
à une heure pareille!» C'était le coq du clocher.
«Calme-toi, répondit Jean. Dis-moi plutôt où trouver
les couche-tard qui seraient contents de me voir!»
Le coq se mit à rire.
«Ce que tu peux être bête! Tout le monde dort, voyons,
tu devrais le savoir!»

«Tu as entendu, reprit la lune. Il vaudrait mieux...»

«Non! s'écria le petit Jean. Le coq n'y connaît rien!
Éclaire-moi, éclaire-moi!»

À nouveau, il tendit son drap et se mit à souffler.

Quittant la ville, il atteignit bientôt la forêt.

La lune avait du mal à le suivre entre les arbres.

«Tu entends tous ces bruits? demanda Jean. Ça craque,
ça bruisse, ça crisse de partout, qu'est-ce que c'est?»

«Ce sont les animaux», répondit la lune.

«Bizarre, dit Jean-le-Mignot. On ne les voit pas et pourtant,
ils sont bien là... Allez, continue maintenant, plus loin,
encore plus loin!»

«Ah, petit Jean, tu n'es toujours pas content?»
soupira la lune. «Non, non! répondit le garçon.
Je veux savoir ce qu'il y a de l'autre côté de la forêt.»
«De l'autre côté de la forêt? s'écria la lune.
Mais il n'y a que des marécages, plus noirs que la nuit.
Un pied hors de la route, et tu es perdu!»
«Eh bien, nous ferons attention, dit Jean. Allez, éclaire-moi!»
Et il continua de plus belle. Sur l'étroit chemin où la boue clapotait,
le lit dérapait, basculait, tanguait. Plus d'une fois, il faillit se renverser.
Mais enfin, la lune poussa un gros soupir:
«Ça y est, nous avons réussi!»

«Ouf! dit le petit Jean. J'ai eu une de ces peurs!
Où sommes-nous maintenant?»
«Au bord du fleuve des mille brouillards, dit la lune.
Le bout du monde se trouve là-bas, sur l'autre rive.»
«Quoi??? s'écria Jean. Je veux y aller!»

«Là-bas? Mais il n'y a rien!»
«Impossible. Il doit bien y avoir quelque chose!
Allez, cap sur le bout du monde!»
La lune se remit à briller et suivant
une longue langue de terre, Jean-le-Mignot
traversa le fleuve des mille brouillards.

«Rien que du sable, remarqua Jean arrivé de l'autre côté.
Et pas une seule trace! On dirait qu'avant nous, personne
n'est jamais venu jusqu'ici. Tu sens comme le vent souffle?»
Sous les rafales, Jean-le-Mignot tendit sa voile, et le lit
se mit à rouler si vite qu'il faillit s'écraser contre une palissade
qui soudain lui barra la route.
«Et voilà le bout du monde», dit la lune.

«Je veux voir ça de plus près!»
«Tu ne peux rien voir, il n'y a rien, expliqua la lune.
Et là où il n'y a rien, il n'y a rien à voir.»
«Il doit bien y avoir quelque chose! s'exclama Jean.
N'importe quoi. Un autre monde peut-être...
Allez, en route!»

Une bourrasque l'emporta, le lit s'envola
et Jean se retrouva au beau milieu du ciel.
Battant des mains, il cria: «Coucou,
me voilà! Vous venez jouer avec moi?»
Amusées, les étoiles se mirent à danser
autour du petit lit. Alors, une fois de plus,
Jean-le-Mignot saisit son drap,
souffla de toutes ses forces en hurlant:
«Encore, encore!» et il zigzagua
tant et si bien que tout à coup,
il frôla la lune.

Effrayée, la brave lune sursauta.

«Oh! Doucement, tu exagères! dit-elle.

Sois raisonnable maintenant, il faut rentrer.»

«Non, encore, encore!» cria le petit Jean surexcité

en roulant et en criant comme un fou.

Et brusquement, il fonça droit sur elle.

Alors brusquement, toutes les étoiles s'éteignirent
et il fit noir comme dans un four.
Là, Jean-le-Mignot se mit à trembler.
«Éclaire-moi, gentille lune, s'il te plaît!»
Mais rien ne se passa.
Jean-le-Mignot était à présent tout seul
dans le ciel immense et noir.
Il ne savait plus quoi faire.
Et il avait peur.
Cette fois, il n'avait plus qu'une envie:
rentrer chez lui!

Soudain, une lumière apparut à l'horizon.

Le soleil venait de se lever. Encore tout endormi,

il se frotta les yeux. Alors seulement, il aperçut le petit Jean.

«Mais qu'est-ce que tu fais là, toi, dans mon ciel? rugit-il.

Allez, ouste, dehors!»

Et hop, il le jeta dans la mer.

«Non, non! Je ne sais pas nager!» cria Jean, affolé.

Cette fois, Jean-le-Mignot se serait bel et bien noyé
si cette brave Dame Lune n'avait volé à son secours. Doucement,
elle le ramena chez lui, dans son petit lit, et s'assit près de lui:
«Alors, tu comprends maintenant pourquoi il ne faut pas
aller trop loin? Pourquoi il faut savoir s'arrêter à temps
et ne pas en vouloir toujours plus? Tu aurais pu couler pour de bon.»
«Oui, mais toi, tu m'as sauvé! soupira Jean. Et puis comme ça,
j'ai vu le bout du monde. Une grande palissade, et puis...»
Et puis il ferma les yeux, et s'endormit.